EPISTOLA

PERILLUSTRIS VIRI

NICOLAI BOILEAU

DESPREAUX,

AD CLARISSIMUM D.D.

DE LAMOIGNON,

CAUSARUM REGIARUM

ANTEHAC

IN SENATU PARISIENSI

PATRONUM,

NUNC PRÆSIDEM INFULATUM,

ET GALLICIS METRIS

IN LATINA CONVERSA.

PARISIIS,

Apud JACOBUM QUILLAU, Typ. Jur. Lib. Univ. in viâ, vulgò dictâ *Galande*.

MDCCVII.

CUM PERMISSU.

EPITRE
A MONSIEUR
DE LAMOIGNON
CI-DEVANT
AVOCAT GENERAL.
A PRESENT
PRESIDENT A MORTIER.

OUI, LAMOIGNON, *je fuis les chagrins de la Ville,*
Et contre eux la campagne eſt mon unique azile.
Du Lieu qui m'y retient veux-tu voir le tableau?
C'eſt un petit Village, ou plûtôt un Hameau*
Bâti ſur le penchant d'un long rang de collines,
D'où l'œil s'égare au loin dans les plaines voiſines.
La Seine au pied des Monts que ſon flot vient laver,
Voit du ſein de ſes eaux vingt Iſles s'élever,

* Haut'Iſle proche la Roche-Guion.

EPISTOLA

PERILLUSTRIS VIRI

NICOLAI BOILEAU DESPREAUX,

AD CLARISSIMUM

D. D. DE LAMOIGNON,

CAUSARUM REGIARUM ANTEHAC IN SENATU PARISIENSI PATRONUM NUNC PRÆSIDEM INFULATUM,

è Gallicis metris in Latina

CONVERSA.

SIC est, LAMONIDE, procul urbibus, abditus agro,
Curarum expertem videor mihi vivere vitam,
Angulus hic unus contrà aſpera cuncta tuetur.
Vin' tibi dilectam ſedem, mea regna, fideli
Carmine deſcribam? Vati labor ille voluptas.
Plurimus attollit juga ſe per mollia collis,
Immenſum, undè patet latè proſpectus in æquor,
Ambitioſus ubi puro torrente ſuperbit

Qui partageant ſon cours en diverſes manieres,
D'une riviere ſeule, y forment vingt rivieres.
Tous ſes bords ſont couverts de ſaules non plantés,
Et de noyers ſouvent du paſſant inſultés.
Le Village au deſſus forme un amphitheâtre.
L'habitant ne connoît ni la chaux, ni le plâtre,
Et dans le roc qui cede & ſe coupe aiſément,
Chacun ſçait de ſa main creuſer ſon logement.
La maiſon du Seigneur ſeule un peu plus ornée,
Se preſente au dehors de murs environnée.
Le Soleil en naiſſant la regarde d'abord:
Et le mont la défend des outrages du Nord.

C'eſt-là, cher Lamoignon, que mon eſprit tranquille
Met à profit les jours què la Parque me file.
Ici dans un vallon bornant tous mes deſirs,
J'achete à peu de frais de ſolides plaiſirs.
Tantôt un livre en main errant dans les préries
J'occupe ma raiſon d'utiles rêveries.
Tantôt cherchant la fin d'un vers que je conſtrui,
Je trouve au coin d'un bois le mot qui m'avoit fui.
Quelquefois aux appas d'un hameçon perfide,
J'amorce en badinant le poiſſon trop avide;

Sequana, rura secans, & per discrimina centum
Sectus agris, unus centum tibi flumina reddit.
Non tot Carpathio Sporades se gurgite tollunt,
Quot pater è medio miratur surgere fluctu
Cycladas, undè loco nomen fecere coloni.
Multa salix ripas circum & nux plurima vestit
Sponte solo natæ, quas prætereundo viator
Assiduè vexare solet saxóque manúque.
Imminet his scopulo pendens, formámque theatri
Arduus ostentans vicus. Non ulla redemtor
Hùc cæmenta vehit; scissâ sibi quisque penates
Incola rupe secat, sed enim hîc sunt mollia saxa.
Paulò splendidior domus eminet una Dynastæ
Muro cincta, rubetque orientis lumine Phœbi,
Mons & obest sævâ ne quid lædatur ab Arcto.

Hîc ego, LAMONIDE, liber, parvóque beatus,
Quot mihi Parcarum decurrunt pollice soles
Apponens lucro, campis modo solus oberro
Irriguis, libro intentus; modo mente volutans,
Quod queat ad vitam compendia ferre beatam,
Sedulus utilium provisor obambulo. Sæpe
Difficiles versus cudens sudante Minervâ,
Quod dudum vano conamine persequor, ecce
Apprendo eluctans nemorosa per avia verbum.
Interdúmque hamo pisces captator inescans,

Ou d'un plomb qui ſuit l'œil, & part avec l'éclair

Je vais faire la guerre aux habitans de l'air.

Une table au retour propre & non magnifique,

Nous preſente un repas agreable & ruſtique.

Là, ſans s'aſſujettir aux dogmes du Brouſſain

Tout ce qu'on boit eſt bon, tout ce qu'on mange eſt ſain.

La maiſon le fournit, la fermiere l'ordonne,

Et mieux que Bergerat l'appetit l'aſſaizonne.*

O fortuné ſejour! ô champs aimés des Cieux!

Que pour jamais foulant vos prés delicieux,

Ne puis-je ici fixer ma courſe vagabonde,

Et connu de vous ſeuls oublier tout le monde!

Mais à peine du ſein de vos vallons cheris,

Arraché malgré moi, je rentre dans Paris,

* Fameux Traiteur.

Perfidus ingluviem fallo. Dein bella per auras
Sulphuris incensi auxilio plumboque volante
Indicens avibus, dum plaudunt nube sub altâ
Aëra mulcentes cantu, certo eminus ictu
Dejicio. Miscere juvat sic seria ludo.
Accipit hinc reducem non divite mensa paratu,
Sed quam munditie commendat honesta nitentem
Simplicitas. Dapibus quas villica struxit inemtis
Condivitque fames, stomachóque obsonia fecit.
Bergerato melior, cum paucis vescor amicis.
Nulla hîc Brussani curamus dogmata, sanis
Quando nihil sanum non est. Sine fraude Lyæus
Innocuas inter bibitur lætissimus escas.
O fortunati colles! ô dulcia rura!
O molles umbræ nemorum! Diis ô! domus ipsis
Digna coli. O utinam tot conflictata procellis
Vita mihi, hoc placido possit consistere portu;
Et quod fata dabunt ævi superesse fugacis,
Exigere insani citra commercia mundi;
Hoc lare solus agens, vel roscida rura pererrans
Tunc unus superûm factus mortalia temnam.

Ast ubi fumosam sors aspera cogit in urbem
E vestro migrare sinu, vos florea rura
Deserere: Actutùm me mille negotia circum
Insiliunt, sævo circumsonat unda tumultu.
Hîc consanguineo sese malè fœdere jactans

Qu'en tous lieux les chagrins m'attendent au passage

Un Cousin abusant d'un fâcheux parentage,

Veut qu'encor tout poudreux, & sans me débotter,

Chés vingt Juges pour lui j'aille solliciter.

Il faut voir de ce pas les plus considerables.

L'un demeure au Marais, & l'autre aux Incurables.

Je reçois vingt avis qui me glacent d'éfroi.

Hier, dit-on, de vous on parla chés le Roi,

Et d'attentat horrible on traita la Satire.

Et le Roi, que dit-il? Le Roi se prit à rire.

Contre vos derniers vers on est fort en couroux.

Pradon a mis au jour un livre contre vous,

Et chés le chapelier du coin de nôtre place

A l'entour d'un castor j'en ai leu la préface.

L'autre jour sur un mot la Cour vous condamna.

Le bruit court qu'avant-hier on vous assassina.

Urget atrox & adhuc coopertum pulvere ſævus
Vellicat, ut litem dubio quam jure tuetur
Perſequar adjunctus tutor : ſequor uſque trahente
[Nec mora, nec requies] ocreatus. Eo duce luſtr
Purpureos proceres quotquot ſubſellia jactant
Egregios. Hic trans extrema ſuburbia longè
Inſanabilium attingit vicinior ædes ;
Viſendus *Templi* conterminus *ille paludi*.
Mille mihi intereà totâ narrantur ab urbe
Triſtia certatim de me, queis frigidus horror
Injicitur, gelidúſque coït formidine ſanguis.
Multus apud Regem de te fuit, ô bone ſermo ;
Et ſatyram culeo dixerunt & cruce dignam.
Quid ſuper his, LODOIX, aio ? Rex optimus or
Subriſit placido tacitus. Tibi dira minantur
Omnia, quos nuper, cenſor licet æquus, inuſtos
Carmine luſiſti ; princeps, hos totus amaro
Felle tumens Prado exſtimulat : ſed & ipſe volun
In te tartareum ſcripſit : convicia legi
Queis operi proludit atrox : ea nempè notavi
Multus ubi proſtat venalis pileus, uni
Eximio magnâ thecam circundare chartâ.
Unâ voce ſuper, crimen tibi plurimus aulæ
Aſſecla impegit nuper. Te cominus enſe
Transfixum, totam modo jactat fama per urbe

Un écrit ſcandaleux ſous vôtre nom ſe donne.

D'un Paſquin qu'on a fait au Louvre on vous ſoupçonne.

Moi? Vous. On nous l'a dit dans le Palais Roial.

Douze ans ſont écoulés, depuis le jour fatal,

Qu'un Libraire imprimant les eſſais de ma plume,

Donna pour mon malheur un trop heureux volume.

Toûjours depuis ce tems en proie aux ſots diſcours

Contre eux la verité m'eſt un foible ſecours.

Vient-il de la Province une ſatire fade,

D'un Plaiſant du païs inſipide boutade?

Pour la faire courir on dit qu'elle eſt de moi:

Et le ſot Campagnard le croit de bonne foi.

J'ai beau prendre à témoin & la Cour & la Ville.

Non à d'autres, dit-il, on connoît vôtre ſtile.

Combien de tems ces vers vous ont-ils bien coûté?

Ils ne ſont point de moi, Monſieur, en verité.

Peut-on m'attribuer ces ſottiſes étranges?

Ah! Monſieur, vos mépris vous ſervent de loüanges.

Diditur in vulgus famoſum Epigramma Bolæi
Nomine. Suſpicio Luparâ verſatur in altâ
Scommate ferventem te conſcripſiſſe libellum.
Min' tu tale nefas ? prorſus tibi ; tota PHILIPPI
Atria non vano hoc de te rumore volutant.
Jam bis ſex , fatis , abiere volentibus anni ,
(Hei mihi) cum famâ nimium felice volumen
Exiit , evulgans rudioris Carmina Muſæ ,
Inde mihi clades fluxit , quam avertere veri
Nec vis ulla, tenor nec vitæ candidus uſquam
Evaluit. Plebi inſulſæ ſum fabula factus.
Ecce tibi ſatyram ſtulto temerarius auſu
Edidit in lucem nullo ſale ſcurra , facetum
Quem ſua garrulitas & cœca libido jocandi
Clarat apud fatuos ruris genialis alumnos :
Illa meâ , ut placeat , jactatur cuſa Minervâ ,
Réque meam verâ , provincia credit ineptè,
Nec prodeſt teſtes urbémque aulámque vocare.
Nugæ , aiunt , ſed enim tua cognita forma canendi.
Quot tua Muſa dies dedit huic operóſa labori ?
Frigida nemo meæ ſapiens deliria Muſæ
Objectare auſit. Quò te mage deprimis , hoc te
Laude magis cumulas , tibi probrum cedit honori.
Sic ego , ſic curis quas undique conflat in urbe
Sors inimica mihi , malè tortus & uſque cruentâ

Ainsi de cent chagrins dans Paris accablé,
Juge, si toûjours triste, interrompu, troublé,
LAMOIGNON, *j'ai le tems de courtiser les Muses.*
Le monde cependant se rit de mes excuses,
Croit que pour m'inspirer sur chaque évenement
Apollon doit venir au premier mandement.
Un bruit court que le Roi va tout reduire en poudre;
Et dans Valencienne est entré comme un foudre:
Que Cambrai des François l'épouvantable écueil,
A veu tomber enfin ses murs & son orgueil;
Que devant Saint-Omer Nassau par sa défaite
De Philippe vainqueur rend la gloire complete.
Dieu sçait, comme les vers chez vous s'en vont couler:
Dit d'abord un Ami qui veut me cageoler,
Et dans ce tems guerrier, & fecond en Achilles
Croit que l'on fait les vers, comme l'on prend les Villes.
Mais moi dont le genie est mort en ce moment,
Je ne sçais que répondre à ce vain compliment,
Et justement confus de mon peu d'abondance,
Je me fais un chagrin du bon-heur de la France.

Anxietate lacer, nec dulcibus otia Musis
Fallere, nec doctas possum prensare sorores.
At mihi, LAMONIDE, veniæ tamen inde mereri
Nil queo, nec vulgi injustas compescere voces.
Nempè simul nostras res prospera fata secundant,
Sponte mihi Aonios tunc se recludere Fontes
Ilicet & Phœbum credunt ad jussa venire.
En LODOIX, famæ si credimus, omnia ferro
Vindice disturbare parat: jam fulminis instar
Ecce Valencennas irrupit victor in arces;
Et quondam Hectoreæ scopulúsque & dedecus aulæ
Cameracum, fastus dediscere cœpit Iberos,
Ex quo æquata solo tot propugnacula cernit,
Et stupet invicto vallatas aggere turres,
Victoris nutu ingenti cecidisse ruinâ.
Dicitur & cœsas ferro stravisse phalanges
Nassavii, Audomarúmque novo clarasse trophæo
Aurelius. Proh quanta seges se vatibus offert!
Quam pleno fluet Aonius tibi flumine torrens.
His mihi blanditiis malè palpum obtrudit amicus,
Hácque ætate putat tot fœtâ Heroibus, arte
Carmina sic fingi, bello expugnantur ut urbes.
Insolito mihi tunc arescere vena stupore
Et nescire pari par deinde referre jocanti

Qu'heureux est le Mortel qui du monde ignoré,
Vit content de soi-même en un coin retiré!
Que l'amour de ce rien qu'on nomme renommée,
N'a jamais enyvré d'une vaine fumée.
Qui de sa liberté forme tout son plaisir,
Et ne rend qu'à lui seul conte de son loisir.
Il n'a point à souffrir d'affronts ni d'injustices,
Et du peuple inconstant il brave les caprices.
Mais nous autres faiseurs de livres & d'écrits,
Sur les bords du Permesse aux loüanges nouris,
Nous ne sçaurions briser nos fers, & nos entraves,
Du Lecteur dedaigneux honorables esclaves.
Du rang ou nôtre esprit une fois s'est fait voir,
Sans un fâcheux éclat, nous ne sçaurions déchoir.
Le Public enrichi du tribut de nos veilles
Croit qu'on doit ajoûter merveilles sur merveilles,
Au comble parvenus il veut que nous croissions:
Il veut en vieillissant que nous rajeunissions:

Sic linguæ, ſic vocis inops, tibi Gallia, ſtultus
Invideo partos ex omni gente triumphos.

Felix ô! nimium felix vitare malignos
Qui cœtus hominum potuit; quem ſorte beatum
Exiguâ procul à vulgo tegit angulus; aura
Quem non afflavit tranſverſum vana fugacis
Gloriolæ; ſoli ſibi vivere lætus, & otî
Dividere arbitrio dulces inglorius horas,
Ille nihil fatuæ plebis ludibria curat,
Judiciúmve horret, plauſus aut ambit inanes.
At nos nos miſeri vates, Permeſſide lymphâ
Pectora queis jam dudum, & laudibus ebria fervent,
Nobile ſervitium & faſtus tolerare malignos
Aſſueti, ſimul ut collum præbere capiſtro
Cœpimus, haud ullâ nos eximere arte valemus.
Quò ſemel ingenio clari pervenimus, indè
Non niſi funeſtâ latéque ſonante ruinâ
Excidimus, ridet vulgus ſuperâ arce cadentes:
Et quos tot docto ſudati marte labores
Ditârunt, noſtri tædet niſi mira ſubinde
Edamus. Quatit aſſiduò nos fulmine cenſor.
Attigimus poſtquam ſummum, contendere pennis
Nos premit ulterius plebs putida; ſontica nec nos
Solvere cauſa poteſt; revireſcere Muſa jubetur
Nix poſtquam capiti acceſſit, viréſque ſolutæ:

Cependant tout décroît, & moi-même à qui l'âge

D'aucune ride encor n'a flétri le visage,

Déja moins plein de feu, pour animer ma voix,

J'ai besoin du silence & de l'ombre des bois.

Ma Muse qui se plaît dans leurs routes perduës

Ne sçauroit plus marcher sur le pavé des ruës.

Ce n'est que dans ces bois propres à m'exciter,

Qu'Appollon quelquefois daigne encor m'écouter.

Ne demande donc plus, par quelle humeur sauvage

Tout l'Esté loin de toi demeurant au village

J'y passe obstinément les ardeurs du Lion,

Et montre pour Paris si peu de passion.

C'est à toi, LAMOIGNON, *que le rang, la naissance,*

Le merite éclatant, & la haute éloquence

Appellent dans Paris aux sublimes emplois,

Qu'il sied bien d'y veiller pour le maintien des lois.

Tempore decrescunt tamen omnia, mî quoque sulcis
Cui faciem nondum rugavit fœda senectus,
Phœbæâ fervere minus præcordia flammâ
Experior; nec jam molli nisi stratus in umbrâ
Altorum nemorum, cum sola immurmurat aura,
Sentio vocalem per amica silentia Musam.
Namque per occultas, quâ rara est semita, sylvas
Quando errare animum tangit nunc una voluptas,
Jam nequeo populo tritos insistere calles.
Vos mihi, vos, inquam, sylvæ saltúsque profundi,
Vos modò præsentem datis in nova carmina Phœbum.
Villula cui cordi est, huic magna Lutetia sordet.
Ergo LAMONIDE, fuge quærere cur mihi tota
Æstas, urbe procul, procul & te, dulcis amice,
Irriguos inter lucos exacta, furentis
Lenierit rabiem Canis & momenta Leonis.
At te LAMONIDE, heroum cui sanguine ducta
Nobilitas, stimulos titulis potioribus addit;
Cui largè exundans & pleno dives ab alveo
Vis salit eloquii mentes evincere certa,
Purpura cui virtúsque novos circumafflat honores;
Te Te, inquam, decet in medio dare jura Senatu,
Te pleno regnare foro, legesque tueri,
Patria te poscit totum, Themidisque tribunal,

Tu dois là tous tes ſoins au bien de ta patrie.

Tu ne t'en peux bannir que l'Orphelin ne crie,

Que l'Oppreſſeur ne montre un front audacieux,

Et Thémis pour voir clair a beſoin de tes yeux.

Mais pour moi de Paris citoïen inhabile,

Qui ne lui puis fournir qu'un rêveur inutile,

Il me faut du repos, des prés, & des forêts.

Laiſſe-moi donc ici, ſous leurs ombrages frais,

Attendre que Septembre ait ramené l'Automne,

Et que Cerés contente ait fait place à Pomone.

Quand Bacchus comblera de ſes nouveaux bienfaits

Le Vendangeur ravi de ploier ſous le faix,

Auſſi-tôt ton Ami redoutant moins la ville,

T'ira joindre à Paris, pour s'enfuir à Baville.

Là, dans le ſeul loiſir que Thémis t'a laiſſé;

Tu me verras ſouvent à te ſuivre empreſſé,

Pour monter à cheval rappellant mon audace,

Apprenti Cavalier galoper ſur ta trace.

Te cives Patrem, puerique parentibus orbi
Ultorem appellant, & quæ te judice dudum
Ad Styga descendit scelerata libido nocendi,
Non prius absentem reginâ sentiet urbe,
Quam caput attollet, viresque repente resumet:
Nec potis ipsa Themis, nisi te duce cernere rectum.
Ast ego quid vates, quid civis inutilis urbi,
Quid conferre queo nugis & Apolline plenus?
Me saltus, me prata, levi me lympha susurro
Assultans, rapit illecebris; sine stratus in umbra
Ducam sollicitæ jucunda oblivia vitæ,
Aspirent donec Septembres mollius auræ,
Et Cereri, lætis gaudens Pomona viretis
Succedat. Tunc cum maturæ vinitor uvæ
Exultans canet injusto sub fasce Lyæum;
Tempore non alio cives, urbémque revisam;
Indè Bavillæum duce te fugiturus in agrum:
Tandem lætus ibi, grata ocia quæ semel annus
Pomifer indulget fesso, tecum, optime, captans;
Sæpè alacer tua pone legens vestigia, quamvis
Flectere quadrupedem frænis indoctus, amico

Tantôt ſur l'herbe aſſis au pied de ces côteaux,
*Où Polycrene * épand ſes liberales eaux,*
LAMOIGNON, *nous irons libres d'inquietude*
Diſcourir des vertus dont tu fais ton étude:
Chercher quels ſont les biens veritables & faux:
Si l'honnête homme en ſoi doit ſouffrir des défaux;
Quel chemin le plus droit à la gloire nous guide,
Où la vaſte ſcience, ou la vertu ſolide.
C'eſt ainſi que chés Toi tu ſçauras m'attacher.
Heureux! ſi les Facheux promts à nous y chercher
N'y viennent point ſemer l'ennuieuſe triſteſſe.
Car dans ce grand concours d'hommes de toute eſpece;
Que ſans ceſſe à Baville attire le devoir;
Au lieu de quatre Amis qu'on attendoit le ſoir,

* Fontaine à une demi-lieue de Baville, ainſi nommée par Feu Monſieur le Premier Preſident de Lamoignon.

Ante equitante tamen gressus glomerabo citatos :
Nunc ambo vacui curis in gramine molli,
Purus ubi leni per valles murmure serpens
Exultans rivus, quem dives aquis Polycrene
Fonte creat, lætosque uberrima fundit in agros,
Quæ natura boni, quæ recti semita, virtus
Vera quibus se præsidiis sustentet [id unum
Quando animo curæ] quâve arte paretur, agemus ;
Moribus innocuis utrum sanctóque tenore,
Immortale decus famæ quæratur, an alti
Dotibus ingenii, cui fontibus haustus ab ipsis
Doctrinæ lepor accessit veríque peritus :
Vir probus an cunctas vitiorum exscindere fibras
Debeat atque omnes in se se abstergere nævos.
His me, LAMONIDE, studiis tecum usque tenebis
Rure Bavillæo. Felix, nisi turba repentè
Importuna virûm, strepitu temerè omnia miscens,
Ad tristes nugas abducat & otia turbet.
Scilicet innumeros inter quos undique clarum
LAMONIDÆ nomen, terris & dedita fama
Hùc ciet, interdum serò expectantur amici

Quelquefois de Facheux arrivent trois volées
Qui du parc à l'instant assiegent les allées.
Alors sauve qui peut, & quatre fois heureux!
Qui sçait pour s'échapper quelque antre ignoré d'eux.

Quatuor ad summum, triplici cum se agmine fundit
Irrumpitque cohors, cultu officiosa molesto.
Heu fuge ! Ter felix si se spelunca Tibi offert
Devia, quò nequeant Te vestigare latentem.

M. G.

PERMIS d'imprimer, ce septiéme Novembre 1706.

M. R. DE VOYER D'ARGENSON.

www.ingramcontent.com/pod-product-compliance
Ingram Content Group UK Ltd.
Pitfield, Milton Keynes, MK11 3LW, UK
UKHW020449220726
13923UKWH00005B/2434